BEI GRIN MACHT SICH IHR WISSEN BEZAHLT

AF135533

- Wir veröffentlichen Ihre Hausarbeit,
  Bachelor- und Masterarbeit

- Ihr eigenes eBook und Buch -
  weltweit in allen wichtigen Shops

- Verdienen Sie an jedem Verkauf

Jetzt bei www.GRIN.com hochladen und kostenlos publizieren

Arbeitszeugnisse in Deutschland. Grundlagen, juristische Aspekte und Entschlüsselung der Zeugnissprache

Simon Zeiss

Bibliografische Information der Deutschen Nationalbibliothek:

Die Deutsche Nationalbibliothek verzeichnet diese Publikation in der Deutschen Nationalbibliografie; detaillierte bibliografische Daten sind im Internet über http://dnb.d-nb.de abrufbar.

ISBN: 9783346588647
Dieses Buch ist auch als E-Book erhältlich.

Druck und Bindung: Books on Demand GmbH, Norderstedt Germany
Gedruckt auf säurefreiem Papier aus verantwortungsvollen Quellen

Das vorliegende Werk wurde sorgfältig erarbeitet. Dennoch übernehmen Autoren und Verlag für die Richtigkeit von Angaben, Hinweisen, Links und Ratschlägen sowie eventuelle Druckfehler keine Haftung.

Das Buch bei GRIN: https://www.grin.com/document/1171406

Ernst-Abbe-Hochschule Jena

Fachbereich Betriebswirtschaft

Modul: Personalwirtschaft, Drittes Semester

Arbeitszeugnisse in Deutschland: Grundlagen, juristische Aspekte und Entschlüsselung der Zeugnissprache

Simon Zeiss

Inhalt

1. Einleitung

„Arbeitszeugnisse zu deuten ist in etwa so leicht wie Balljonglage während eines Fallschirmsprungs" (Feichtner, 2021). Unser ganzes Leben lang begleiten uns Zeugnisse. Gerade in Deutschland, wo in der Arbeitswelt Zeugnisse, Urkunden und Zertifikate einen besonders großen Stellenwert haben. Jedes Zeugnis stellt eine Beurteilung von einer anderen Person dar und jedes Zeugnis kann großen Einfluss auf den Verlauf unseres Lebens haben. Gegenstand meiner Hausarbeit sollen die Arbeitszeugnisse sein. Das Arbeitszeugnis ist sehr wichtig bei der Bewerbung und hat bei Personalverantwortlichen einen hohen Stellenwert. Es dokumentiert immer die Dauer und Art der bisherigen Beschäftigungen. Und es kann zusätzlich zum Beispiel Leistungen, Erfolge und Sozialverhalten des Arbeitnehmers bewerten. Ein „sehr gutes" Arbeitszeugnis bringt für einen Arbeitnehmer, der auf Jobsuche ist, enorme Vorteile. Jedoch verstecken sich hinter den gut klingenden Formulierungen oft schlechte Noten und negative Geheimcodes. Arbeitszeugnisse können somit große Chance und Risiko zugleich für den Arbeitnehmer, aber auch für den Arbeitgeber darstellen, wenn dieser zum Beispiel unzureichendes Wissen zu juristischen Aspekten des Arbeitszeugnisses hat. In meiner Ausarbeitung möchte ich mit Mythen und Halbwissen „aufräumen", welche sich fest in den Köpfen der Menschen halten und die Aspekte des Arbeitszeugnisses sowohl von der Arbeitnehmer- als auch aus der Arbeitgeberseite beleuchten. Dazu möchte ich zunächst erklären, was ein Arbeitszeugnis überhaupt ist und welche verschiedenen Arten es davon gibt. Aufbauend darauf möchte ich den Aufbau und die einzelnen Inhalte eines Arbeitszeugnisses nennen und erklären. Dabei gehe ich zuerst auf die Grundsätze der Zeugniserstellung ein. Im vierten Punkt werde ich die Bewertungsformulierung und Grundsätze der Bewertung erläutern und die Mythen rund um Geheimcodes aufklären. Dabei konzentriere ich mich jedoch nur auf die wichtigsten Formulierungen und Geheimcodes. Zum Schluss wird das vor allem für die Arbeitgeberseite wichtige Thema juristische Aspekte behandelt. Hierbei möchte ich auf einzelne wichtige Aspekte wie zum Beispiel die Verwirkung, Verjährung oder das Erlöschen von Ansprüchen im Zusammenhang mit dem Arbeitszeugnis eingehen. Die Arbeit endet mit dem Fazit.

2. Grundlagen des Arbeitszeugnisses

„Das Arbeitszeugnis ist eine schriftliche Urkunde über ein Beschäftigungsverhältnis und wird vom Arbeitgeber erstellt" (https://www.lto.de/juristen/muster-dokumente/arbeitsrecht/arbeitszeugnis-fuer-arbeitnehmer/, 2021). Es stellt bei der Bewerbung um einen neuen Job eine Art Eignungsnachweis über erworbene Kenntnisse und Qualifikationen dar. Der Arbeitnehmer hat gegenüber dem Arbeitgeber Anspruch auf Ausstellung eines solchen Zeugnisses in Schriftform, bei Beendigung des Arbeitsverhältnisses. Gesetzlich festgelegt ist der Zeugnisanspruch grundsätzlich in diesen fast gleichlautenden Vorschriften: *§§ 630 BGB, 73 HGB, 133 GewO* und *8 BbiG* (für Auszubildende). Jedes Arbeitszeugnis muss nach §109 (2) der Gewerbeordnung wahr und wohlwollend sein (vgl. https://www.lto.de/juristen/muster-dokumente/arbeitsrecht/arbeitszeugnis-fuer-arbeitnehmer/, 2021).

2.1 Das einfache Arbeitszeugnis

Das einfache Arbeitszeugnis kann auch Arbeitsbescheinigung genannt werden. Die Ausstellung erfolgt in der Regel nur bei kurzzeitiger Beschäftigung. Inhalt sind die Personalien des Arbeitnehmers sowie die Art und Dauer des Beschäftigungsverhältnisses (vgl. Backer, 2018, S. 8).

2.2 Das qualifizierte Arbeitszeugnis

Das qualifizierte Zeugnis beinhaltet zusätzlich zu den Angaben aus dem einfachen Arbeitszeugnis eine Beurteilung der Arbeitsleistung und des Verhaltens während des Beschäftigungsverhältnisses. An dieser Beurteilung sind neue potenzielle Arbeitgeber eines Arbeitnehmers besonders interessiert. Da er seine Bewerber nicht kennt, versucht er sich auch mittels Analyse Ihres qualifizierten Zeugnisses einen Eindruck von Ihren Leistungen und Ihrem Arbeitsverhalten zu verschaffen. Daher wird diese Variante des Zeugnisses immer empfohlen (vgl. Backer, 2018, S. 8-9).

2.3 Das Zwischenzeugnis

Das Zwischenzeugnis ist vom Inhalt her deckungsgleich mit dem Endzeugnis, der einzige Unterschied ist, dass das Beschäftigungsverhältnis noch fortbesteht (vgl. Backer, 2018, S. 9). Gründe für Ausstellung eines solchen Zeugnisses könnten der Vorgesetztenwechsel, eine anstehende längere Beurlaubung oder einfach die Tatsache sein, dass der Arbeitnehmer schon seit vielen Jahren im gleichen Job ist. Es ist für das Abschlusszeugnis eine wichtige Grundlage, denn kommt es später zum Streit, fällt es dem Arbeitgeber schwer, von einer guten Bewerbung aus dem Zwischenzeugnis maßgeblich abzuweichen.

3. Inhalt und Aufbau des Arbeitszeugnisses

3.1 Grundsätze der Zeugniserstellung

Mit Arbeitszeugnis ist in der gesamten Arbeit das qualifizierte Arbeitszeugnis gemeint. Bevor ich auf den Aufbau und Inhalt des Arbeitszeugnisses eingehe, möchte ich noch auf die Grundsätze der Zeugniserstellung eingehen. Die zwei durch Gesetze begründeten Grundsätze sind der Grundsatz der Einheitlichkeit und der Grundsatz der Klarheit des Zeugnisses. Einheitlichkeitsgrundsatz bedeutet nach der Rechtsprechung, dass das Zeugnis das gesamte Arbeitsverhältnis vollständig beschreiben muss und nicht nur Teile davon. Dies bezieht sich auf der einen Seite auf die Tätigkeiten des Arbeitnehmers. Wenn der Arbeitnehmer verschiedene unterschiedliche Tätigkeiten erbracht hat, müssen diese in einem einheitlichen Zeugnis zusammengefasst werden (auch, wenn der Arbeitnehmer gegenteiliges verlangt). Diese Pflicht gilt auch für die Verhaltens- und Leistungsbewertung. Die ausschließliche Beschreibung der Leistung oder des Verhaltens ist unzulässig. Der zweite Grundsatz, die Klarheit des Zeugnisses, ergibt sich aus der in § 109 Abs. 2 GewO enthaltenen Bestimmung. Demnach darf ein Zeugnis keine Merkmale oder Formulierungen enthalten, die den Zweck haben, eine andere als aus der äußeren Form oder aus dem Wortlaut ersichtlichen Aussage über den Arbeitnehmer zu treffen. Das heißt also, dass bei allen Formulierungen darauf geachtet werden muss, dass keine verschlüsselten, widersprüchlichen oder doppeldeutigen Aussagen gemacht werden (vgl. Wilken, Rambach, & Backer, 2018, S. 19).

3.2 Überschrift, Einleitung, Dauer der Beschäftigung, Zeitpunkt

Das Arbeitszeugnis beginnt mit der Überschrift, danach folgt die Einleitung. In der Einleitung wird der Name der Person genannt. Seine Anschrift und Geburtsdatum dürfen jedoch nur mit dem Einverständnis des Arbeitnehmers aufgenommen werden. In den meisten Fällen folgt darauf eine Beschreibung des Arbeitgebers, dessen Unternehmenszweck gegebenenfalls mit Angaben über Schlüsselgrößen des Unternehmens, wie zum Beispiel Umsatz oder Anzahl der Betriebsstätten etc. Die Art der Beschäftigung muss so vollständig und genau aufgeführt werden, dass sich ein ahnungsloser Dritter hierüber ein Bild machen kann. Mit Dauer der Beschäftigung ist der Zeitpunkt vom Eintrittsdatum an bis zum Zeitpunkt, zu dem die

Kündigung wirksam wird, gemeint. Es kommt folglich nicht auf die tatsächliche, sondern auf die rechtliche Beschäftigungszeit an. Der Grund für die Beendigung des Arbeitsverhältnisses wird nicht in das Zeugnis aufgenommen, es sei denn, der Arbeitnehmer wünscht Gegenteiliges. Allerdings ist es praxisüblich, Angaben über den Beendigungsgrund des Arbeitsverhältnisses zu machen, aber nur wenn dies nicht zu einer nachteiligen Beurteilung des Beschäftigten führt (vgl. Wilken, Rambach, & Backer, 2018, S. 20-21).

3.3 Tätigkeitsbeschreibung/Stellenbeschreibung

Grundsätzlich müssen alle wesentlichen Arbeiten und Aufgabe konkret beschrieben werden (einschließlich des beruflichen Werdegangs des Arbeitnehmers). Die Beschreibung muss so angefertigt werden, dass Tätigkeitsumfang und die Qualifikation des Beschäftigten daraus zu erkennen sind. Je länger das Arbeitsverhältnis gedauert hat und je anspruchsvoller die Tätigkeiten waren, desto länger muss auch Tätigkeitsbeschreibung sein. Bei Arbeit an verschiedenen Arbeitsplätzen sind diese einzelnen Tätigkeiten in eine chronologische Reihenfolge zu bringen. Tätigkeiten, welche nicht im beruflichen Zusammenhang stehen (zum Beispiel ehrenamtliches) sind nicht aufzuführen (vgl. Wilken, Rambach, & Backer, 2018, S. 21-22).

3.4 Leistungsbeurteilung

Eine vollständige Leistungsbeurteilung ist dann gegeben, wenn zu allen wesentlichen Aspekten der vom Arbeitnehmer erbrachten Leistungen Stellung bezogen wird. Die wichtigsten Aspekte sind dabei: „Arbeitsbereitschaft (Wollen), Arbeitsbefähigung (Können), Fertigkeiten, Fachkenntnisse und Weiterbildung (Wissen), Arbeitsweise und Arbeitsstil (bei Ausbildungszeugnissen auch Lernweise), Arbeitserfolg und Ergebnisse (bei Ausbildungszeugnissen auch Lernerfolg), konkrete herausragende Arbeitserfolge (nicht für Vollständigkeit erforderlich), Führungsleistung (nur im Falle von Mitarbeiterverantwortung), Leistungszusammenfassung." (https://www.lto.de/juristen/muster-dokumente/arbeitsrecht/arbeitszeugnis-fuer-arbeitnehmer/, 2021).

3.5 Sozialverhalten

In diesem Zeugnisabschnitt soll das persönliche Verhalten bewertet werden. Kriterien dafür können z. B. die Kooperations- und Kompromissbereitschaft sein. Genauer gesagt, wird dabei das persönliche Verhalten im Umgang mit Vorgesetzten, Kollegen, Mitarbeitern und ggf. mit Dritten (z. B. Lieferanten, Kunden) betrachtet. Das Befolgen der betrieblichen Ordnung kann

4

auch dazu gezählt werden. Bewertet werden darf grundsätzlich nur das Verhalten während der Arbeitspflicht und nicht außerbetriebliches Verhalten. Eine Ausnahme stellt es dar, wenn dieses Verhalten sich unmittelbar auf das Arbeitsverhältnis oder die Arbeitsleistung auswirkt (zum Beispiel ehrverletzende Äußerung über Arbeitgeber, Kunden oder Lieferanten während der Freizeit) (vgl. Wilken, Rambach, & Backer, 2018, S. 23).

3.6 Schluss

Bei der Formulierung des Schlusses werden auf Wunsch des Beschäftigten die Gründe für die Beendigung des Arbeitsverhältnisses, und auf wessen Initiative das Arbeitsverhältnis beendet wurde, aufgeführt. Meistens folgt eine Dankesformel im Verbund mit einer Bedauernsformel – sowie Zukunftswünsche. Zum Abschluss des Zeugnisses werden Unterschrift, Name und Funktion des Ausstellers aufgeführt (vgl. Wilken, Rambach, & Backer, 2018, S. 23-24).

4. Die Zeugnissprache – Bewertungen und Geheimcodes

4.1 Grundsätze der Bewertung

In einem Urteil hat das Bundesarbeitsgericht (vgl. BAG, Urteil v. 12.8.1976, 3 AZR 720/75.) entschieden, dass im Arbeitszeugnis alle wesentlichen Tatsachen und Bewertungen angegeben werden müssen, die für die Gesamtbeurteilung des Arbeitnehmers von Bedeutung und für Dritte von Interesse sind. Nicht darunter fallen allerdings einmalige Vorfälle oder Umstände, die für den Arbeitnehmer nicht charakteristisch sind. Wie bereits erläutert, darf außerdienstliches Verhalten nur dann erwähnt werden, wenn es sich dienstlich auswirkt (z. B. Trunk- oder Drogensucht). Laut eines Urteils des Landesarbeitsgerichtes Düsseldorf (vgl. LAG Düsseldorf, Urteil v. 12.3.1986, 15 Sa 13/86.) ist der Arbeitgeber in Wortwahl und der Satzstellung grundsätzlich frei. Beim Verfassen des Zeugnisses steht ihm ein Beurteilungsspielraum zu. Jedoch gibt es zwei Grundsätze bei der Beurteilung. Der erste Grundsatz ist der Grundsatz der Wahrheit der Beurteilung (vgl. Schaub, Arbeitsrechts-Handbuch, 17. Auflage 2017, § 147 III 4.). Er stellt den obersten Grundsatz für die Zeugniserteilung dar. Das Zeugnis darf nur Tatsachen und keine Mutmaßungen, Annahmen oder Verdächtigungen enthalten. Der zweite Grundsatz leitet sich aus einem Urteil des Bundesarbeitsgerichtes ab (vgl. BAG, Urteil v. 25.10.1967, 3 AZR 456/66.): der Grundsatz des wohlwollenden Maßstabes, welcher den Arbeitgeber verpflichtet, bei der Beurteilung der Leistungen des Beschäftigten den wohlwollenden Maßstab eines verständigen Arbeitgebers bei der Beurteilung der Leistungen zugrunde zu legen. Damit soll dem Arbeitnehmer das

Fortkommen nicht unnötig erschwert werden. Diese Grundsätze sind aus einer zweiseitigen Zielsetzung abgeleitet. Auf der einen Seite soll das Arbeitszeugnis dem Arbeitnehmer als Unterlage für eine neue Bewerbung dienen. Seine Belange wären dabei gefährdet, wenn er dabei unterbewertet werden würde. Auf der anderen Seite soll das Zeugnis an Dritte berichten, die die Einstellung des Arbeitnehmers in Betracht ziehen. Die Belange Dritter wären gefährdet, wenn der Arbeitnehmer überbewertet wird (vgl. Wilken, Rambach, & Backer, 2018, S. 27).

4.2 Bewertung und Formulierungen

Die Formulierung in den Bewertungen spiegeln wie in der Schule eine Gesamtnote wider. Die Bewertung lässt sich grob in vier Schulnoten gliedern:

- „Sehr gut: stets/immer zu unserer vollsten Zufriedenheit; Übertraf jederzeit unsere Erwartungen; in jeder Hinsicht sehr gut; ...

- Gut: stets zu unserer vollen Zufriedenheit; waren jederzeit gut; ...

- Befriedigend: zu unserer vollen Zufriedenheit

- Ausreichend oder schlechter: zu unserer Zufriedenheit; allen Aufgaben hat er sich mit Begeisterung gewidmet (jedenfalls nicht mit Erfolg); er hat unseren Erwartungen in jeder Hinsicht entsprochen; er hat sich bemüht, seinen Aufgaben (/Anforderungen/ unseren Erwartungen) gerecht zu werden; ...“ (Gehrig, 2013)

Vor einigen Jahren hat das Bundesarbeitsgericht festgestellt, dass die Note „befriedigend" auch trotz anderer Auffassung von Arbeitnehmern eine zulässige durchschnittliche Bewertung ist, auch wenn in der betreffenden Branche möglicherweise sehr gute und gute Bewertungen den Normalfall darstellen. Als Vergleich darf der Arbeitgeber dabei nicht seine persönlichen Anforderungen und Erwartungen an Sie heranziehen. Im Zeugnis muss sich der Arbeitgeber an einem durchschnittlichen Arbeitnehmer seines Betriebs orientieren (vgl. Gehrig, 2013).

Das Arbeitszeugnis endet grundsätzlich mit der Schlussformel. Im Idealfall bedauert der Arbeitgeber darin das Ausscheiden des Mitarbeiters und dankt ihm für die geleistete Arbeit. Daraufhin sollte er im besten Falle für die berufliche **und** private Zukunft **weiterhin** nur das Beste wünschen. Mit den Schlussformulierungen kann der Zeugnisaussteller die vorherigen Aussagen entweder bestätigen oder relativieren. Wenn die Schlussformel im Widerspruch zur vorherigen Beurteilung steht, bleibt dem Beschäftigten nur die Möglichkeit, ein Zeugnis ohne Schlussformel zu verlangen, da ein rechtlicher Anspruch auf diese Formel nicht besteht (vgl. Gehrig, 2013).

4.3 Geheimcodes und Geheimzeichen

In der Fachliteratur ist oft von „Geheimcode" die Rede. Auch in der Arbeitswelt wird davon immer wieder geredet. Einen Geheimcode zum Beispiel in Form einer geheimen konspirativen Vereinbarung über die Zeugnisverschlüsselung existiert mit Sicherheit nicht. Jedoch, wie man aus meinen vorherigen Ausarbeitungen erkennen kann, werden Arbeitszeugnisse anders geschrieben, als es im normalen Leben üblich wäre. Man kann sagen, dass die Zeugnissprache mit dem allgemeinen Sprachgebrauch keine großen Schnittmengen mehr hat. Und in dieser Zeugnissprache findet man eine Vielzahl von Formulierungen, die von Arbeitgebern verwendet werden, damit sie ganz bestimmte Informationen transportieren können. Das Arbeiten mit solchen festgelegten Formulierungen ist gängige Praxis. Dabei sind diese Formulierungen nicht einseitig negativ zu sehen, denn einige können auch für den Arbeitnehmer positiv ausgelegt werden (vgl. Backer, 2018, S. 76-77).

Ein heikler Punkt bei der Verwendung von Geheimcodes ist das Verhalten des Mitarbeiters. Hier kann der Zeugnisersteller sehr kreativ sein. Es können beispielsweise in den Formulierungen versteckte Hinweise auf Alkohol am Arbeitsplatz (zum Beispiel: *„durch seine Geselligkeit trug er zur Verbesserung des Betriebsklimas bei"*) oder sexuelle Kontakte im Betrieb (zum Beispiel: *„Für die Belange der männlichen/weiblichen Belegschaft bewies er/sie stets Einfühlungsvermögen"*) vorhanden sein. Außerdem könnten versteckte Hinweise auf Betriebsrats- oder Gewerkschaftstätigkeiten (zum Beispiel: *„Er zeigte Einsatz für seine Kollegen"*) oder Geschwätzigkeit (zum Beispiel: *„kommunikatives Wesen/gesuchter Gesprächspartner"*) zu finden sein (Gehrig, 2013).

Auch Geheimzeichen, wie z. B. Patzer, Häkchen und Striche können eine Rolle spielen. Sie sollen beispielsweise eine Gewerkschaftsmitgliedschaft offenlegen. Allerdings sind solche Zeichen verboten. Hinweise auf das Privatleben des Beschäftigten und auf eine eventuelle Betriebsrats- oder Gewerkschaftstätigkeit gehören grundsätzlich nicht in das Zeugnis, außer der Arbeitnehmer wäre damit einverstanden. Solche Geheimzeichen äußern sich als Patzer oder Flecken auf dem Zeugnis. Beispiel dafür wären: Senkrechter Strich mit Kugelschreiber/ Füllhalter, links von der Unterschrift stehend, der aussieht wie ein „Ausrutscher", welche bedeuten würde, dass der Arbeitnehmer Mitglied einer Gewerkschaft ist. Oder ein „Ausrutscher" (nur Häkchen) nach rechts würde bedeuten, dass der Beschäftigte Mitglied einer rechtsstehenden Partei ist (vgl. Backer, 2018, S. 79-80).

5. Juristische Aspekte

Dass juristische Aspekte eine große Rolle spielen, ist allein schon an der hohen Anzahl der Prozesse wegen Änderungen von Arbeitszeugnissen erkennbar. Allein 2006 wurden bundesweit 32.288 Klagen wegen der Erteilung oder Berichtigung von Zeugnissen eingereicht. Dabei ist eine häufige Ursache fehlende Information entweder auf der Arbeitgeber- oder auf der Arbeitnehmerseite. Zum einen kann das an den überzogenen Vorstellungen des Mitarbeiters liegen, was er vor Gericht durchsetzen kann. Zum anderen liegen die Gründe aber auch oft auf der Arbeitgeberseite, welche unzureichende Kenntnisse darüber hat, was in einem Zeugnis stehen muss. Deshalb möchte ich die wichtigsten juristischen Aspekte auf den kommenden Seiten erläutern (vgl. Knobbe, Leis, & Umnuß, 2016, S. 17).

5.1 gesetzliche Grundlagen

Jeder Mitarbeiter hat nach der Beendigung des Anstellungsverhältnisses Anspruch auf ein schriftliches Zeugnis. Die rechtlichen Grundlagen für diesen Anspruch des sind in § 630 BGB, § 109 GewO und für Auszubildende: in § 16 BBiG geregelt. Der Arbeitnehmer hat auf Wunsch auch Anspruch auf die Ausstellung eines qualifizierten Arbeitszeugnisses (siehe 2.2). Weiterhin gelten die unter Punkt 3.1 genannten Grundsätze der Zeugniserstellung.

Desweiteren gelten folgende gesetzliche Regelungen:

- Die Zeugnissprache ist grundsätzlich Deutsch. Jeder Mitarbeiter, der im Geltungsbereich des deutschen Arbeitsrechts gearbeitet hat, kann ein Zeugnis in deutscher Sprache verlangen. Natürlich kann es bei internationalen Unternehmen sinnvoll sein, ein Arbeitszeugnis in englischer Sprache zur Verfügung zu stellen. Eine Rechtspflicht des Arbeitgebers hierzu besteht aber nicht.

- Ein Zeugnis darf nicht in elektronischer Form erteilt werden.

(Knobbe, Leis, & Umnuß, 2016)

5.1 Widerspruch des Arbeitnehmers gegen das Arbeitszeugnis

Förmlich gesehen gibt es den Rechtsbehelf in Form eines „Widerspruches" gegen ein Arbeitszeugnis nicht. Der betroffene Mitarbeiter kann sich zwar immer nach Erhalt eines Arbeitszeugnisses an den Aussteller wenden und Änderungswünsche geltend machen, aber der Arbeitgeber ist nicht verpflichtet, diesen Wünschen Folge zu leisten oder sie mit dem Mitarbeiter gemeinsam durchzugehen. Jedoch kann der Mitarbeiter vor dem Arbeitsgericht klagen, wenn die Zeugniserteilung nicht oder nicht ordnungsgemäß erfolgte. Dabei sollte der Mitarbeiter unbedingt Verjährung, Verwirkung, Verzicht und Ausschlussfristen beachten (vgl. Knobbe, Leis, & Umnuß, 2016, S. 19).

5.2 Verjährung des Anspruches

Für den Ausstellungs- oder Berichtigungsanspruch eines Zeugnisses wird die regelmäßige Verjährungsfrist von drei Jahren gemäß § 195 BGB angewendet, welche mit dem Ende des Jahres, in dem der Anspruch entstanden ist beginnt (vgl. Knobbe, Leis, & Umnuß, 2016, S. 19).

5.3 Erlöschen des Anspruchs

Der Anspruch auf Zeugnisausstellung kann bereits dann erlöschen, wenn es dem Arbeitgeber nicht mehr möglich ist, ein Zeugnis auszustellen (z. B. wenn er aufgrund des Zeitablaufs nicht in der Lage ist, ein wahrheitsgemäßes Zeugnis auszustellen) und zwar unabhängig von der Verjährung. Die Zeugnisausstellung eines einfachen Zeugnisses ist grundsätzlich so lange möglich, wie Personalunterlagen vorhanden sind. Die Lage beim qualifizierten Zeugnis gestaltet sich etwas schwieriger, da auch Angaben zu Leistung und Führung enthalten sind. Wenn der Arbeitgeber und die mit der Zeugniserteilung beauftragten Mitarbeiter sich an die Tatsachen zur Führung und Leistung des Mitarbeiters nicht mehr erinnern können und keine entsprechenden schriftlichen Personalunterlagen mehr vorhanden sind, aus denen die Führung und Leistung des Mitarbeiters hervorgeht, ist die Ausstellung eines qualifizierten Zeugnisses nicht mehr möglich (vgl. Knobbe, Leis, & Umnuß, 2016, S. 19-20).

5.4 Verwirkung des Zeugnisanspruches

Selbst wenn die Erfüllung des Anspruchs auf Zeugniserteilung noch möglich ist, kann der gerichtlichen Durchsetzung vor Verjährungseintritt die sogenannte Verwirkung entgegengehalten werden. Möglich wurde dies durch eine Entscheidung des Bundesarbeitsgerichtes (vgl. BAG, Urteil v. 4.10.2005, 9 AZR 507/04, BAGE 116, 95), welche hervorhebt, dass der Anspruch auf Erteilung eines qualifizierten Zeugnisses wie jeder schuldrechtliche Anspruch auch der Verwirkung unterliegt. Aber was bedeutet Verwirkung?

Verwirkung kann eintreten, wenn der Arbeitnehmer sein Recht auf Erteilung eines Zeugnisses über längere Dauer nicht geltend gemacht (Zeitmoment) und dadurch bei seinem Arbeitgeber die Überzeugung hergestellt hat, er werde sein Recht nicht mehr geltend machen (Umstandsmoment). In jenem Falle könnte dem Arbeitgeber die Anspruchserfüllung unter Berücksichtigung aller Umstände des Einzelfalls dann nicht mehr zumutbar sein. Konkrete Fristen gibt es laut Bundesarbeitsgericht aber nicht. Aus Urteilen durch die Rechtsprechung geht hervor, dass von Verwirkung in der Regel bei einem Untätigkeitszeitraum von zehn bis zu 15 Monaten ausgegangen wird. Der Arbeitgeber kann sich jedoch nicht auf die Einrede der Verwirkung berufen, wenn Personalakten geführt werden und er auf zeugnisspezifische Angaben zurückgreifen kann. Das gilt so lange, wie der Arbeitgeber verpflichtet ist, Lohnunterlagen aus steuerlichen Gründen aufzubewahren (d. h. bis zum Ablauf des sechsten Kalenderjahres, das auf die zuletzt eingetragene Lohnzahlung folgt) und / oder so lange, wie er Personalakten tatsächlich aufhebt (vgl. Knobbe, Leis, & Umnuß, 2016, S. 20).

6. Fazit

Das Ziel meiner Ausarbeitung war, mit Mythen und Halbwissen über Arbeitszeugnissen aufzuräumen und verschiedene Aspekte des Arbeitszeugnisses zu beleuchten, sowohl aus der Perspektive des Arbeitgebers als auch aus der Perspektive des Arbeitnehmers. Um das Ganze zu verstehen, habe ich zunächst die Grundlagen eines Arbeitszeugnisses erklärt und den Unterschied zwischen einem einfachen Zeugnis, einem qualifizierten Zeugnis sowie einem Zwischenzeugnis dargestellt. Im Anschluss habe ich den Aufbau und Inhalt ausführlich erläutert. Die Grundsätze der Zeugniserstellung, die sich aus Gesetzten und der Rechtsprechung ergeben, sind vor allem der Grundsatz der Wahrheit und der Grundsatz des wohlwollenden Maßstabes. Sie sind die Grundlage für jede Zeugnisbewertung. Mit einzelnen Praxisbeispielen habe ich die Bewertungen im Zeugnis aufgezeigt und was sie als Note übersetzt bedeuten. Bemerkenswert dabei ist zum Beispiel, dass auch wohlwollend klingende Bewertungen wie „zu unserer Zufriedenheit; allen Aufgaben hat er sich mit Begeisterung gewidmet" übersetzt mit der Schulnote 4 zu vergleichen sind. Die so oft diskutierten „Geheimcodes" gibt es in Form einer konservativen Vereinbarung nicht. Vielmehr werden durch bestimmte Formulierungen im Zeugnis bestimmte Informationen transportiert. Zum Schluss wurden die wichtigsten juristische Aspekte erklärt und auf die entsprechenden

Gesetze und Gerichtsurteile verwiesen. Dabei ist festzuhalten, dass es den förmlichen Rechtsbehelf des Widerspruchs gegen ein Arbeitszeugnis nicht gibt. Jedoch kann der Mitarbeiter gegenüber seinem Arbeitgeber Änderungswünsche äußern und / oder vor dem Arbeitsgericht Klage einreichen. Dabei sollten jedoch in jedem Fall die Themen Verjährung, Verwirkung, Verzicht und Ausschlussfristen beachtet werden. Alles in allem kann gesagt werden, dass das Arbeitszeugnis sowohl für die Arbeitgeber- als auch für die Arbeitnehmerseite ein außerordentlich wichtiges Thema ist. Es gilt vor allem für die Arbeitgeber über die Details eines Arbeitszeugnisses genaues Wissen zu haben. Letztlich auch, um juristischen Schwierigkeiten zu vermeiden.

7. Literaturverzeichnis

Arbeitszeugnis - Formulierungen, Beispiele und Muster-Vorlage zum Download (o. D.): LTO
Legal Tribune Online, [online] https://www.lto.de/juristen/muster-
dokumente/arbeitsrecht/arbeitszeugnis-fuer-arbeitnehmer/ [abgerufen am
23.03.2021].

Backer, Anne (2018): *Arbeitszeugnisse: Entschlüsseln und mitgestalten*, 8. Auflage, Freiburg,
Deutschland: Haufe.

Backer, Anne/Peter Rambach/Stephan Wilcken (2018): *Praxishandbuch Arbeitszeugnisse :
Rechtssichere Grundlagen und Musterzeugnisse*, 1. Auflage, Freiburg, Deutschland:
Haufe.

Feichtner, Walter (o. D.): Arbeitszeugnis: So übersetzt du den Code und die Formulierungen,
Audimax, [online] https://www.audimax.de/arbeitsleben/arbeitszeugnis-code-und-
formulierungen/ [abgerufen am 24.03.2021].

Gehrig, Christina (2013): Arbeitszeugnis prüfen: So verstehen Sie alle Formulierungen,
Kanzlei Hasselbach, [online] https://www.kanzlei-
hasselbach.de/2013/arbeitszeugnis-pruefen-so-verstehen-sie-alle-
formulierungen/08/ [abgerufen am 25.03.2021].

Knobbe, Thorsten/Mario Leis/Karsten Umnuß (2016): *Arbeitszeugnisse : inkl. Arbeitshilfen
online: Textbausteine und Tätigkeitsbeschreibungen*, 8. Auflage, Freiburg,
Deutschland: Haufe.

BEI GRIN MACHT SICH IHR WISSEN BEZAHLT

- Wir veröffentlichen Ihre Hausarbeit,
  Bachelor- und Masterarbeit

- Ihr eigenes eBook und Buch -
  weltweit in allen wichtigen Shops

- Verdienen Sie an jedem Verkauf

Jetzt bei www.GRIN.com hochladen und kostenlos publizieren